BEI GRIN MACHT SICH IHR WISSEN BEZAHLT

AF131231

- Wir veröffentlichen Ihre Hausarbeit, Bachelor- und Masterarbeit

- Ihr eigenes eBook und Buch - weltweit in allen wichtigen Shops

- Verdienen Sie an jedem Verkauf

Jetzt bei www.GRIN.com hochladen und kostenlos publizieren

Bibliografische Information der Deutschen Nationalbibliothek:

Die Deutsche Bibliothek verzeichnet diese Publikation in der Deutschen National-
bibliografie; detaillierte bibliografische Daten sind im Internet über http://dnb.d-
nb.de/ abrufbar.

Impressum:

Copyright © 2016 GRIN Verlag, Open Publishing GmbH
Druck und Bindung: Books on Demand GmbH, Norderstedt Germany
ISBN: 9783668470231

Dieses Buch bei GRIN:

http://www.grin.com/de/e-book/369470/die-wirkung-sozialer-reaktionen-bei-sozial-
oder-oekologisch-korrektem

Laura Voges

Die Wirkung sozialer Reaktionen bei sozial oder ökologisch "korrektem" Verhalten

GRIN Verlag

GRIN - Your knowledge has value

Der GRIN Verlag publiziert seit 1998 wissenschaftliche Arbeiten von Studenten, Hochschullehrern und anderen Akademikern als eBook und gedrucktes Buch. Die Verlagswebsite www.grin.com ist die ideale Plattform zur Veröffentlichung von Hausarbeiten, Abschlussarbeiten, wissenschaftlichen Aufsätzen, Dissertationen und Fachbüchern.

Besuchen Sie uns im Internet:

http://www.grin.com/

http://www.facebook.com/grincom

http://www.twitter.com/grin_com

COLOGNE BUSINESS SCHOOL (CBS)

Die Wirkung sozialer Reaktionen bei sozial oder ökologisch „korrektem" Verhalten

Hausarbeit im Fach "Sozialpsychologie"

Sommersemester 2016

Frau Laura Voges

BA 14 in Studienfach General Management

I Inhaltsverzeichnis

II Abbildungsverzeichnis

1 Einleitung

Sozial-Ökologie verweist in der heutigen Gesellschaft „auf die Beziehung zwischen Gesellschaft und Natur" (Becker und Jahn, 2006, S.16), welche in Bezug zu der veränderten Globalisierung, dem Klimawandel und der Verknappung der Rohstoffe einen Konsumtyp namens LOHAS hervorgebrachte (Wenzel, Kirig und Rausch, 2008, S.35) und somit eine Eigenständigkeit des Verbrauchers gegenüber der Umwelt immens beeinflusst hat (Wolf, 2013, S.13). Gesellschaftlich gesehen führte das materielle Wertdenken des Konsumenten Schritt für Schritt zu einem postmateriellen Wertglauben, wie ausschließlich umweltfreundliche Produkte zu konsumieren und nachhaltig zu leben (Wenzel, Kirig und Rauch, 2008, S.39). Die typischen miteinander verknüpften Einstellungen und Handlungen verifiziert in dem Konsumtyp LOHAS, spiegeln persönliche Werteerfahrungen, wie Gesundheit und Nachhaltigkeit wieder. Bezüglich dessen ist ein neuer, grüner Wachstumsimpuls zu erwarten (Helmke, Scherberich und Uebel, 2016, S.1-3), der bereits im Alltag in Form von Gewohnheiten, wie Recycling dafür sorgt das die Ökonomie immer weiter ergrünt (Wenzel, Kirig und Rauch, 2008, S. 10-17).

Das Ziel der vorliegenden Hausarbeit liegt darin folgende Forschungsfrage zu beantworten: Inwiefern beeinflusst das Akronym des Konsumtyps LOHAS die Reaktion des sozialen Umfeldes?

Zunächst werden hierfür die Begriffe LOHAS, Sozial, Ökologisch, sowie Nachhaltigkeit definiert, um anschließend die kontextspezifische Segmentierung anhand des Konsumtyps LOHAS mit dem Sozial-Ökologischen-Milieu in Verbindung zu bringen. Kapitel 4 beinhaltet die theoretische Analyse der Reaktion des sozialen Umfeldes, welche mittels des dargelegten Modells in Kapitel 5 auf den Konsumtyp LOHAS angewandt wird. Schlussendlich wird die Hausarbeit mit einem entsprechenden Fazit abgerundet.

2 Allgemeine Begrifflichkeiten

Im Folgenden wird auf die allgemeinen Begrifflichkeiten für das weitere Verständnis der Hausarbeit eingegangen.

2.1 Bedeutung des Akronym LOHAS

Das Akronym des Konsumtyp LOHAS steht für Lifestyle of Health and Sustainability, somit ein „Lebensstil geprägt von Gesundheit und Nachhaltigkeit" (Köhn-Ladenburger, 2013, S.2), ebenso Komfort und Annehmlichkeit. Sozusagen eine Bewegung oder auch Veränderung quer durch die Gesellschaft mit starker Kaufkraft und – Lust. LOHAS sind mehr ein Lebensstil oder Zeitgeist, als eine bestimmt zugeordnete Zielgruppe (Köhn-Ladenburger, 2013, S.2).

2.2 Bedeutung des Begriffs Sozial

Soziales Verhalten orientiert sich an Bezugsgruppen und schließt dabei die Reaktion des sozialen Umfeldes mit ein (Fischer und Wiswede, 2009, S.12). Dementsprechend soziale Unterstützung zu zeigen, bezeichnet bereitgestellte Ressourcen der Menschen, besonders die Vermittlung des Umsorgens, der Wertschätzung und der Kommunikation mit anderen Menschen (Gerrig und Zimbardo, 2008, S.483).

2.3 Bedeutung des Begriffs Ökologie

Ökologie ist die Wechselbeziehung zwischen der belebten und unbelebten Umwelt, das heißt zwischen „Lebewesen, Klima, Boden, Wasser und Luft" (LEXIKON DER NACHHALTIGKEIT, Website, 2015). Des Weiteren zwischen Ökonomie und Ökologie (GABLER WIRTSCHAFTSLEXIKON, Website, 2016).

2.4 Bedeutung der Nachhaltigkeit

Das Standhaltende, Tragende, Widerstandsfähige, Intensive, Nachdrückliche und Dauerhafte beschreibt die Nachhaltigkeit, welche im politischen Sinne auf ein verantwortliches und soziales Verhalten verweist. Nachhaltigkeit ist die Vision eines dauerhaft bewohnbaren Planeten, anknüpfend an das Bewahren „zum Wohl der zukünftigen Generationen" (Pufé, 2012, S.17-19).

3 Kontextspezifische Segmentierung

Der Konsument kann anhand eines eigenständigen Wertdenkens typologisiert werden, um vor allem eine Relevanz der Reaktion des sozialen Umfeldes aufzuzeigen. Eines der bekanntesten Modelle zur Anwendung einer Marktsegmentierung stellen die Sinus-Milieus dar. Jedes Milieu wird von innen heraus verstanden, durch Orientierung, Werte, Lebensziele, sowie Einstellungen eines Konsumenten, angewandt anhand der Kartoffelgrafik (Vergleich Abbildung 1, SINUS, Website, 2016).

Abbildung 1: Sinus-Milieus

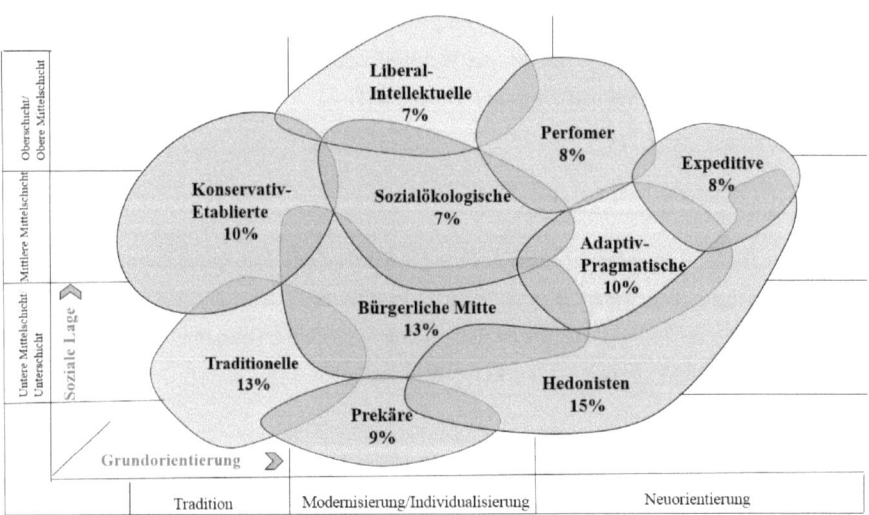

Quelle: Eigene Darstellung in Anlehnung an SINUS, Website, 2016

3

In diesem Kapitel werden das Sozial-Ökologische-Milieu und der Konsumtyp LOHAS untersucht und in einem weiteren Schritt in Verknüpfung gebracht.

3.1 Untersuchung des Sozial-Ökologischen-Milieus

Unter das Sozial-Ökologische-Milieu fallen die sehr konsumkritischen und bewussten Konsumenten, welche durch ein sozial und ökologisch fundiertes Verhalten typologisiert werden. Das soziale Umfeld sieht in ihnen Globalisierungsskeptiker und Bannerträger der politischen Korrektheit und Vielfalt, charakterisiert mittels eines Durchschnittsalters von 50 Jahren, sowie einer Vielzahl qualifizierter Angestellter und Beamter mit einem mittleren bis gehobenen Einkommen (SINUS, Website, 2016). Die postmateriellen Werte (Bundeszentrale für politische Bildung, Website, 2013), wie die Verantwortung gegenüber der Natur, Gesundheit und dem Tierschutz vermitteln die Sozial-Ökologen anhand der Käufe in Naturkostläden, wie beispielsweise Alnatura und Bio-Läden aus fairem Handel, dem sozialen Umfeld gegenüber (bio verlag, Website, 2011). Nach der Schrot & Korn Studie bevorzugt das Sozial-Ökologische-Milieu aber vor allem die Qualität vor dem Preis (Schrot&Korn, Website, 2011).

3.2 Untersuchung des Konsumtyp LOHAS

Der Konsumtyp LOHAS ist eine Bewegung, welche quer durch die Gesellschaft verläuft (Köhn-Ladenburger, 2013, S.1) und Prinzipien wie die „Verantwortung für soziale und ökologische Lebensbedingungen für folgende Generationen" (Helmke, Scherberich und Uebel, 2016, S.6) wiederspiegelt. Die individuelle Gesundheit und Nachhaltigkeit der kreativen und genussorientierten Konsumenten wird anhand ihres Konsumverhaltens deutlich (Helmke, Scherberich und Uebel, 2016, S.1). LOHAS versuchen Nachhaltigkeit, Genuss, Design, Ethik und den Luxus miteinander zu vereinbaren (Helmke, Scherberich und Uebel, 2016, S.6), welches Werte, wie Postmaterialismus, Spiritualität, Medienkritik und Kulturinteresse hervorruft (Wenzel, Kirig, Rauch, 2008, S.21). Die moralischen Hedonisten bevorzugen die Qualität statt Discount, sowie Spiritualität statt Glauben (Wenzel, Kirig, Rauch, 2008, S.19). Beispielsweise fährt George Clooney ein Hybridauto und machte den Prius zu einem Trend, womit er Umweltbewusstsein zeigte ohne auf Luxus zu verzichten, welches als Vorbild gilt und das soziale Umfeld positiv zum Umdenken in Bezug auf die Sozial-Ökologie bewegte (Köhn-Ladenburger, 2013, S.7).

3.3 Relation der LOHAS zu den Sinus-Milieus

Der Konsumtyp LOHAS ist mittweilen in der mittleren und oberen Schicht des Sinus-Milieus vorzufinden, da bei ihnen eine Tendenz zum Modernen und Neuen, weniger zu traditionellen Werten, besteht. Die intensiven LOHAS sind nahezu deckungsgleich mit dem Sozial-Ökologischen-Milieu, mittels ihres Umwelt-und Gesundheitsbewusstseins, sowie ihrer Kreativität und dem in ihnen bestehenden Intellekt. Des Weiteren werden die LOHAS in den Konservativ-Etablierten, den Expeditiven und den Hedonisten wiedergefunden. Somit kann ausgeschlossen werden, dass der Konsumtyp LOHAS vollkommen mit dem Sozial-Ökologischen-Milieu verschmilzt, da diese Bewegung der Gesellschaft schichtenübergreifend impliziert wird und somit nur eine Teilmenge an LOHAS in einem Milieu besteht (Glöckner, Balderjahn und Peyer, 2010, S.39).

4 Theoretische Analyse der Reaktion des sozialen Umfeldes

In diesem Kapitel werden die affektiven und kognitiven Faktoren der Verhaltensprägung zur Beantwortung der Forschungsfrage für ein besseres Verständnis und zur Anwendung auf den Konsumtyp LOHAS, im darauffolgenden Abschnitt erläutert (Vergleich Abbildung 2).

Abbildung 2:Verhaltensprägende Faktoren

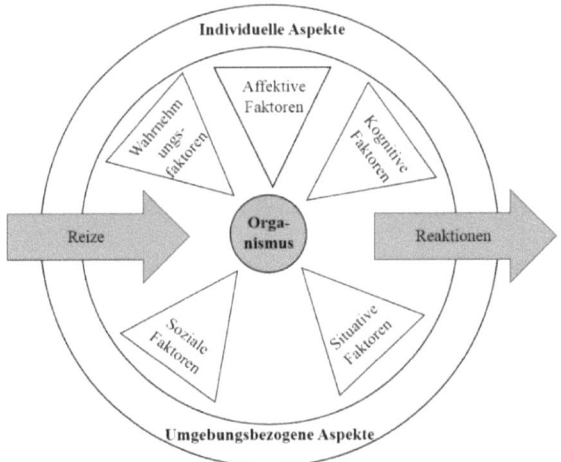

Quelle: Eigene Darstellung in Anlehnung an Koppelmann, 2001, S.27

4.1 Verhaltensprägende Faktoren am Beispiel der affektiven Faktoren

Emotionen sind „innere Erregungsvorgänge, die angenehm oder unangenehm empfunden werden" (Koppelmann, 2001, S.42). Angenehme Gefühlszustände, wie Zuneigung, aber auch unangenehme Gefühlszustände, wie Sorge können eine positive Reaktion des Umfeldes gegenüber dem LOHAS-Lebensstil hervorrufen (Koppelmann, 2001, S.42-43). Emotionen sind spezifische Hinweisreize, die den Zustand in einem Organismus ändern können und diesen somit auf folgende Aktivitäten vorbereiten (Heckhausen und Heckhausen, 2010, S. 60). Dementsprechend besitzen Emotionen eine kognitive Funktion, somit beeinflussen jene unsere Achtsamkeit, die Wahrnehmung des eigenen und der anderen und schlussendlich die Interpretation verschiedener „Merkmale von Lebenssituationen" (Gerrig und Zimbardo, 2008, S.465).

Motive bauen auf Emotionen auf und weisen ein Ziel, sozusagen eine kognitive Komponente, welche die Wahrnehmung beeinflusst auf (Koppelmann, 2001, S.44). Ergänzend sind Motive jedoch auch Kognitionen über eine gegenwärtige Lage, wie Unausgewogenheit und Unverträglichkeit, welche den Menschen motivieren (Heckhausen und Heckhausen, 2010, S.27).

Einstellungen sind Motive mit einer Beurteilung einem Objekt gegenüber, welche erlernt oder anhand anderer Personen übernommen werden. Somit liefern positive Beurteilungen des Objektes eine vorteilhafte Einstellung jenseits diesem (Koppelmann, 2001, S.45). Des Weiteren verkörpern Einstellungen „positive oder negative Bewertungen von Menschen, Objekten und Vorstellungen" (Gerrig und Zimbardo, 2008, S.644).

Werte stellen Erstrebenswertes dar, quasi eine Vorstellung des Lebens, welche durch diese angestrebt wird (Koppelmann, 2001, S.50).

4.2 Verhaltensprägende Faktoren am Beispiel der kognitiven Faktoren

Kognitive Faktoren verkörpern „das Reflektierende, Kontrollierende, Begründende" (Koppelmann, 2001, S.51) und werden des Weiteren untergliedert in Intelligenz, Wissen und Phantasie (Koppelmann, 2001, S.51).

Intelligenz ist eine angeborene kognitive Leistungsfähigkeit, welche durch den sozialen Kontext das Lernen und Denken beeinflusst.

Der im Gedächtnis gespeicherte Kontext ist eine materielle Leistungsfähigkeit, welche die Wahrnehmung und somit die Zuwendung, bei hohem Wissensstand intensiver gestaltet (Koppelmann, 2001, S.52).

Die Phantasie überschreitet die Grenzen der bisherigen Erfahrungen (Koppelmann, 2001, S.53).

5 Applikation der theoretischen Analyse auf den Konsumtyp LOHAS

Dieses Kapitel verwendet das in Abschnitt 4 erklärte Modell zur Beantwortung der Forschungsfrage.

5.1 Anwendung der affektiven Faktoren auf den Konsumtyp LOHAS

Im Themenkontext wird festgestellt, dass die Sorge um den Planeten Erde unangenehme Emotionen hervorruft (Koppelmann, 2001, S.43) und die Unternehmen dazu zwingt ein Gleichgewicht zwischen der Ökonomie, sowie der Ökologie zu finden, welches die LOHAS implizieren (Wenzel, Kirig und Rauch, 2008, S.17). Somit empfindet der Handel eine Zuneigung den LOHAS gegenüber (Koppelmann, 2001, S.43), ersichtlich durch die Eröffnung der Bio-Supermärkte, wie Alnatura und Basic (Wenzel, Kirig und Rauch, 2008, S.11), sowie mittels neuer Produkte in Richtung Gesundheit, technologischer Wandel und Nachhaltigkeit (Wenzel, Kirig und Rauch, 2008, S.14). Die Lebensqualität der LOHAS bringt das soziale Umfeld dazu diese mit Begeisterung (Koppelmann, 2001, S.43) in Relation zu einer intakten und gesunden Umwelt zu stellen (Wenzel, Kirig und Rauch, 2008, S.39).

Die Märkte haben den Motor des grünen Gewissens erkannt (Wenzel, Kirig und Rauch, 2008, S.35) und verfolgen das Motiv des Anschlusses (Heckhausen und Heckhausen, 2010, S.55) hinsichtlich der Öko-Lifestyle-Bewegung (Wenzel, Kirig und Rauch, 2008, S.28) in Richtung Gesundheit, Genuss, Lebensqualität und Nachhaltigkeit (Wenzel, Kirig und Rauch, S.36). LOHAS gewinnen an Bedeutung im Konsummarkt und regen vor dem weltweiten Thema des Klimawandels (Wenzel, Kirig und Rauch, 2008, S.14) vor allem das Motiv der Leistung und des Erfolges der Unternehmen an, in diesem Markt zu bestehen (Heckhausen und Heckhausen, 2010, S.56).

Die affektive Komponente verkörpert die Zugehörigkeit zu einer „immer stärker ökologisch determinierenden Gesellschaft" (Wenzel, Kirig und Rauch, 2008, S.37). Die kognitive Komponente beinhaltet das Wissen über die Gesundheits- und Nachhaltigkeitsorientierten LOHAS, welches bereits dabei ist eine immense Wirkung in Form der Nachfrage nach nachhaltigen Wohnbauten hervorzurufen (Wenzel, Kirig und Rauch, 2008, S.37). Konativ gesehen werden Dienstleistungen und Produkte in dieser Sparte bereits angeboten, beispielsweise werden Designhotels nahtlos in die Natur eingefügt und mit kohlendioxidneutralen Biomasseanlagen beheizt (Vergleich Abbildung 3,Wenzel, Kirig und Rauch, 2008, S.39, Werth und Meyer, 2007, S.206).

Abbildung 3: Vigilius-Mountain Resort

Quelle: Vigilius, Website, 2016

Der Nachhaltigkeits-, Gesundheits- und Verantwortungswert der LOHAS (Glöckner, Balderjahn und Peyer, 2010, S.37) wird beispielsweise anhand des Unternehmens Lifestyle Consultants aufgenommen, indem eine Wohnberatung angeboten wird, welche genau auf diese Werte ausgerichtet ist (Wenzel, Kirig und Rauch, 2008, S.220).

5.2 Anwendung der kognitiven Faktoren auf den Konsumtyp LOHAS

Unternehmen sind hinsichtlich der Intelligenz und des Wissens dazu gefordert Bewegungen wie die LOHAS genauestens zu studieren, da diese die Zukunft der weltweiten Märkte bestimmen. Des Weiteren sollten die Unternehmen ihr Marketing auf „eine substanzielle, informationsbezogene Kommunikation" ausrichten, damit sie diese Zielgruppe erreichen (Wenzel, Kirig und Rauch, 2008, S.14-16). Vor allem aber sind die Märkte dazu gefordert ihre Phantasie spielen zu lassen und neue Produkte für die Zielgruppe der LOHAS zu entwickeln, ausschlaggebend in den Bereichen der Gesundheit, des Designs, des Tourismus, der Mode und der Speisen (Wenzel, Kirig und Rauch, 2008, S. 30). Die folgende Grafik führt auf, welche Aspekte ein LOHAS-Markt beinhalten sollte und worauf die Unternehmen ihr Augenmerk zu legen haben (Vergleich Abbildung 4).

Abbildung 4: LOHAS-Markt

Quelle: Eigene Darstellung in Anlehnung an Spiegel Verlag, 2011, S.6

6 Fazit

Der Konsum wird durch sozial-ökologische Kriterien generiert und wird zukünftig zu einem Wachstum führen, welches durch eine Mischung der Ökonomie, Ökologie und gesellschaftlichen Faktoren geprägt sein wird (Wenzel, Kirig und Rauch, 2008, S.35). Hinsichtlich werden die strategischen und neogrünen Konsumenten der Zukunft, die altersindifferenten, einkommensunabhängigen und schichtenübergreifenden LOHAS sein (Wenzel, Kirig und Rauch, 2008, S.14-18).

Gerade hier werden die Unternehmen aufgefordert, die umsatzstarke Käufergruppe anhand ihrer Kognitionen, Emotionen, Motiven, Einstellungen und Werte anzusprechen, somit ihr Verhalten zu durchleuchten und mit neuen dementsprechenden Produkten, vor allem in Richtung Speisen, Mode, Freizeit, Design, Wohnen und Gesundheit zu reagieren (Wenzel, Kirig, Rauch, 2008, S.30-31). Wichtig ist hier zu beachten, dass die affektiven Faktoren in gewisser Weise eine Verschmelzung mit den kognitiven Faktoren aufweisen und somit die Produkte auch auf dieses Verhalten ausgelegt sein sollten. Bereits schon jetzt hat das soziale Umfeld den LOHAS Qualitätsprodukte wie beispielsweise energie- und ressourcensparende Technologie, Biokraftstoffe, Hybridautos, sowie Bio-und Fair-Trade- Produkte geliefert (Wenzel, Kirig und Rauch, 2008, S.68ff.). Den Markt der Zukunft wird die Sozial-Ökologie bestimmen und ihr folgend der Konsumtyp der LOHAS.

III Literaturverzeichnis

Becker, E. **Thomas**, J. (2006). *Soziale Ökologie. Grundzüge einer Wissenschaft von den gesellschaftlichen Naturverhältnissen.* Frankfurt/ New York: Campus Verlag.

Fischer, L. **Wiswede**, G. (2009). *Grundlage der Sozialpsychologie.* (3.Auflage). Oldenburg: Wissenschaftsverlag GmbH.

Gerrig, R.J. **Zimbardo**, P.G. (2008). *Psychologie.* (18.Auflage). München :Pearson Studium.

Glöckner, A. **Balderjahn**, I. **Peyer**, M. (2010). Die LOHAS im Kontext der Sinus-Milieus. *Marketing Review St. Gallen.* .5, Seite 37-39.

Heckhausen, J. **Heckhausen**, H. (2010). *Motivation und Handeln.* (4.Auflage). Berlin, Heidelberg: Springer-Verlag.

Helmke, S. **Scherberich**, J. U. **Uebel**, M. (2016). *LOHAS-Marketing. Strategie-Instrumente-Praxisbeispiele.* Wiesbaden: Springer Fachmedien.

Koppelmann, U. (2001). *Produktmarketing. Entscheidungsgrundlage für Produktmanager.* (6.Auflage). Berlin, Heidelberg : Springer Verlag.

Köhn-Ladenburger, C. (2013). *Marketing für LOHAS. Kommunikationskonzepte für anspruchsvolle Kunden.* Wiesbaden : Springer Fachmedien.

LOHAS. Lifestyle of Health and Sustainability (2011). DER WERBETRÄGER, Seite 6, Zugriff am 15.04.2016 unter http://www.spiegel-qc.de/uploads/PDFS/RoteGruppePrint/SP_Broschuere_LOHAS.pdf

Pufé, I. (2012). *Nachhaltigkeitsmanagement.* München: Carl Hanser Verlag.

Wenzel, E. **Kirig**, A. **Rauch**, C. (2008). *Greenomics. Wie der grüne Lifestyle Märkte und Konsumenten verändert.* München: Redline Wirtschaft, FinanzBuch Verlag GmbH.

Werth, L. **Mayer**, J. (2008). *Sozialpsychologie.* (2.Auflage). Heidelberg: Spektrum Akademischer Verlag.

Wolf, S. (2013). *Nachhaltig leben. Bewusst kaufen, sinnvoll nutzen. Alternativen zum Wegwerfen.* Wien : Verein für Konsumenteninformation.

Internetquellen:

Bundeszentrale für politische Bildung (2013). *Materielle und postmaterielle Werte.* Zugriff am 05.04.2016 unter http://www.bpb.de/nachschlagen/datenreport-2013/werte-und-einstellungen/174282/materielle-und-postmaterielle-werte

GABLER WIRTSCHAFTSLEXIKON (2016). *Ökologie.* Zugriff am 05.04.2016 unter http://wirtschaftslexikon.gabler.de/Definition/oekologie.html

LEXIKON DER NACHHALTIGKEIT (2015). *Ökologie Definition /ökologisch.* Zugriff am 05.04.2016 unter https://www.nachhaltigkeit.info/artikel/oekologie_1744.html

SCHROT & KORN (2011). Bio-Käufer sind so vielfältig wie die Gesellschaft. Zugriff am 15.04.2016 unter http://www.bioverlag.de/mediadaten/m3klang/M3K-4.pdf

SINUS (2015/16). *Sinus-Milieus.* Zugriff am 15.04.2016 unter http://www.sinus-institut.de/sinus-loesungen/sinus-milieus-deutschland/

Vigilius. Mountain resort. einfach : sein (2016). *Vigilius mountain resort.* Zugriff am 20.04.2016 unter http://www.vigilius.it/de/informieren/bildergalerie

Diese Hausarbeit beinhaltet 1966 Wörter.

BEI GRIN MACHT SICH IHR WISSEN BEZAHLT

- Wir veröffentlichen Ihre Hausarbeit, Bachelor- und Masterarbeit

- Ihr eigenes eBook und Buch - weltweit in allen wichtigen Shops

- Verdienen Sie an jedem Verkauf

Jetzt bei www.GRIN.com hochladen und kostenlos publizieren